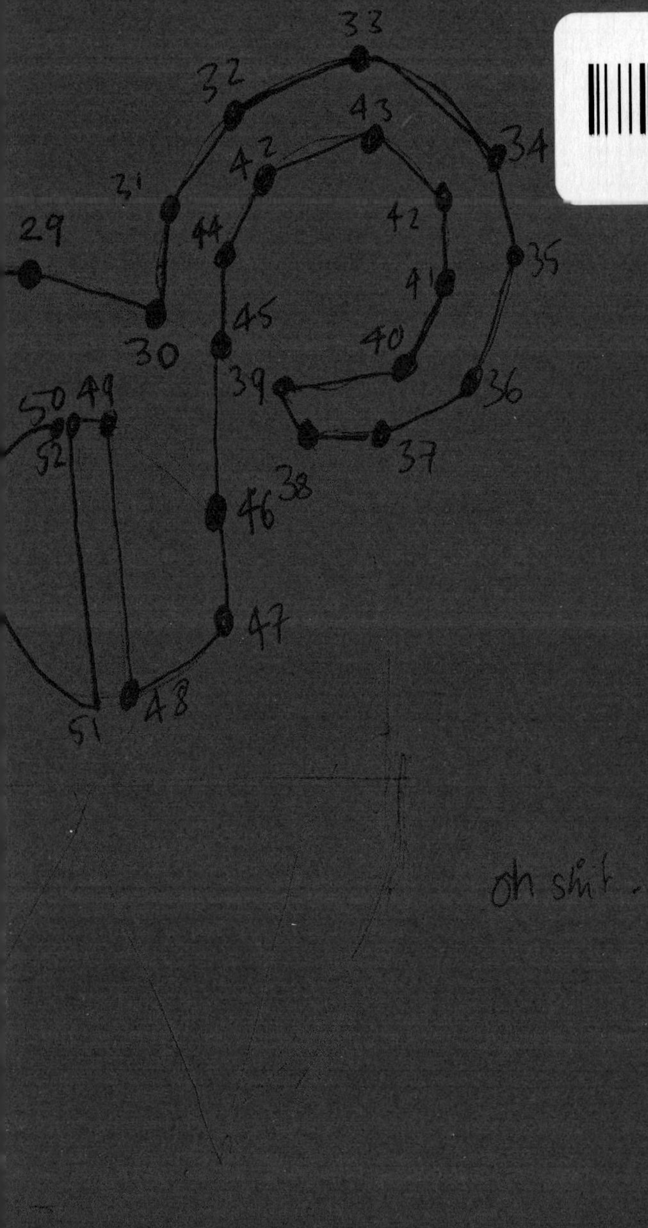
oh shit.

Diretor Editorial
Christiano Menezes

Diretor Comercial
Chico de Assis

Diretor de Novos Negócios
Marcel Souto Maior

Diretor de MKT e Operações
Mike Ribera

Diretora de Estratégia Editorial
Raquel Moritz

Gerente Comercial
Fernando Madeira

Gerente de Marca
Arthur Moraes

Editora Assistente
Jessica Reinaldo

Adap. de Capa e Miolo
Retina 78

Coord. de Arte
Eldon Oliveira

Coord. de Diagramação
Sergio Chaves

Preparação
Leandro Luigi Del Manto

Revisão
Rodrigo Rebelo
Retina Conteúdo

Finalização
Roberto Geronimo

Impressão e Acabamento
Braspor

DADOS INTERNACIONAIS DE CATALOGAÇÃO NA PUBLICAÇÃO (CIP)
Jéssica de Oliveira Molinari CRB-8/9852

Yorke, Thom
Nação tomada pelo medo / Thom Yorke, Stanley Donwood; tradução de João Paulo Cuenca. — Rio de Janeiro : DarkSide Books, 2024.
176 p. : il.

ISBN: 978-65-5598-397-5
Título original: Fear stalks the land: a commonplace book

1. Música popular - Inglaterra 2.Radiohead (Grupo musical)
3. Poesia inglesa I. Título II. Donwood, Stanley III. Cuenca, JP

24-2897 CDD 782.421

Índice para catálogo sistemático:
1. Música popular - Inglaterra

[2024]

DarkSide® *Entretenimento LTDA.*
Rua General Roca, 935/504 — Tijuca
20521-071 — Rio de Janeiro — RJ — Brasil
www.darksidebooks.com

NAÇÃO TOMADA PELO MEDO

THOM YORKE & STANLEY DONWOOD

TRADUÇÃO
JOÃO PAULO CUENCA

DARKSIDE

aos nossos antigos eus,
onde quer que estejam agora
e a todos aqueles que os conheceram

your rioyal highnesses

i am ci'izen insane i am ci'izen insane i am ci'izen isane
i am ci'izen ins ne i am ci'izen isnsane i am ci'izen insane i
i am ci'izen ins n i am ci'izen insare i am ci'izen insane i
i m ci'izen insan i am ci'izen isnanse i am ci'izen insane i am
i am ci'izen insare i am ci'izen ins ne i am ci'iz en insane i am
i am ci'izen insane i am ci'izen insare i am ci'izen insare i am ci'izen
i am ci'izen insane i am ci'izen insane i am ci'izen insanni am
BODIies flo'ing
the muddy river in bi's an pieces
walking ldeegiahe cranes. machine guns in hand.
devils walking in jungles.

[sua alteza real | eu sou o cidadão insano | corpos boiando | andando | rio enlameado
| em pedaços | guindastes | metralhadoras na mão | diabos andando nas selvas]

SUMÁRIO

01. VENCER

O último jogador que sobrar no jogo é o vencedor.

02. NO AR

Num dia chuvoso de compras no mercado,
Sou cercado por uma multidão crescente
que acredita que eu posso voar.

Ao que parece cometeram um erro terrível:
o jornal do bairro publicou um artigo sobre um
homem que realmente tem esse talento invejável
mas botaram a minha fotografia em cima do artigo.

Não tenho certeza de como o jornal
conseguiu uma foto minha,
Mas esse é o menor dos meus problemas,
Diante,
Como estou,
Dessa barulhenta multidão de estranhos.

Protesto, mas a multidão não dará trégua até
que eu mostre meus incríveis poderes.

Por fim,
Cedo a eles,
e fico,
batendo meus braços e pulando o mais
alto que posso para o ar úmido.

Isso continua por algum tempo,
E fico com medo, cada vez mais, de que a
multidão, agora desapontada, vá me atacar,
achando que sou um charlatão presunçoso.

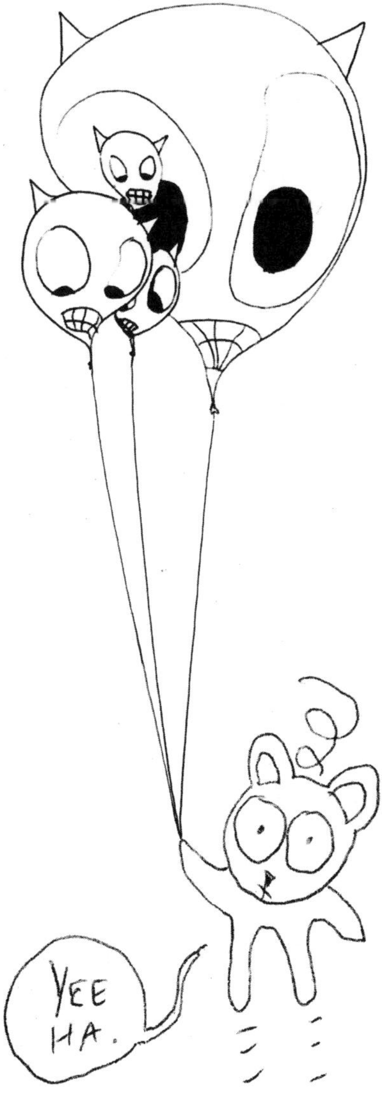
YEE HA.

Mas, finalmente, eles abrem espaço,
resmungando.

Agradecendo à minha estrela-guia,
eu corro para casa,
muito abalado para continuar as compras.

Naquela noite,
sozinho,
eu tento voar outra vez.

É um exercício fútil, está provado,
mas viciante.

Noite após noite, fico de pé no telhado,
batendo os braços e dando pequenos
saltos sobre as telhas.

Por mais que eu tente,
nunca consigo decolar.

03. ÍNDICE NO LUGAR ERRADO

A

a pirâmide morta de papel
à deriva
aos garfos o prego
aos raios a bengala
a ___ quer o seu laptop de volta
animalus
as formigas
ar-condicionado
atropelamento num sorriso
angelus novus (de paul klee)
adormecer numa boa noite é o que preciso
amigos terrivelmente próximos
a gente toda babada de lambida
amnésico caindo de uma colina
albatroz
alguma coisa está muito errada
atrito de interesses de
acordo com nossa pesquisa
a base aérea americana
áreas todas
aplainadas
antídotos pra solidão no aquário do peixinho dourado
amianto (pra brincar ou quebrar)
alpha beta gamma zeta
a cápsula enviada ao espaço
há de andar o coxo
há de ver o cego
antes dessa semana

B

bem preto o coelho
blau o colarinho
botam ovos na incubadora
bloqueado entretanto
baixando pássaros do céu
barganhas
buraco negro urinol
brecando
banco traseiro
bureau o envenenando
bons oficiais de justiça nos chegam
bambeando cobre

C

cuidado com ursos caindo mortos do céu
crianças depois e focas
consumíveis duráveis
cabeça do capitão numa garrafa
capitães da indústria
cruzam a linha de fogo
confusão
conclusões
congratulações!
cascuda barata
caralha de terra dos sonhos
coação não aguenta
carpete voador

clamando imunidade
coitados
cliques no telefone
clic/clicando
caos nas ruas
cor de carbono
caridade de famosos
corpos da tripulação

D

dias vão do boom à queda
do fim do túnel você vê a luz?
dá um jeito antes de esquecer
defuntos soldados
de morte o silêncio
dançando até morrer
detergente afogando
democracia
derrubados como moscas
deixar de ser estúpido
doutor, eu não sinto as mãos

E

escorando-se por dezoito anos
em volta de todos aqui
encarando todo mundo trava
exemplo: ursos geneticamente modificados
eficazes respostas

Espíritos e monstros na floresta

época esplêndida final
e até o sotaque dele
etnológicas filmagens de tribos perdidas
educados mediocratas
é como um naufrágio tudo em você

F

fórceps
forçadas comparações
felinos gordos
fazenda virando pó
fique na estrada de tijolos amarelos, por aí afora
fogão inundado
flutuando acima
flashes pipocam explodindo lâmpadas de gelo

G

geopolítica
gárgulas, assombrações e fantasmas na floresta
gatunos de túmulo
gruta me espera
guarde boa noite
grande maldito seja por fazer isso conosco
grudados os pés no chão
guardar o programa
gim palácio
glamour entre o gelo
geneticamente garantida inteligência

grupo de sete
galopando da cidade
geek magnata
genocídio

H

hosana nas alturas
HA HA HA HA HA HA HA HA HA HA Ahhh HA
HA HA HA AH HA HA AH AH HA
humilhação
humoradas palminhas
hyperion
hordas de insetos com dentes gigantes e sangue ácido
helicóptero
hepta-milhões: pergunte-me como
hospitalizado pela multidão
haras infestado de moscas
hábitat destruído
hábil é a minha direção?
hedonismo de acidente

I

indicadores não encontro aqui
nos Hamptons
impulso de ir embora
ele é bom pra você?
inerte pra sempre me dá medo
inexperiente. não sei do que estou
falando

[Abro minha boca pra falar, mas não acontece nada.]

incompreensível o que me diz e você parece
    tão distante
intuo quando parar
iniciativa sua, estou hospedado no Holiday Inn,
quarto 320
inquietante demais pra mim
infame, travado, nasci sem pulso
impossível ser otimista
importante não viver no passado.
    O passado é um sacana
ilusão de poder tocar apenas uma música
implosão iminente
impresso que me dá direito ao status
    de fast-track
illuminati
in natura
intermediado
invisíveis forças falando numa língua que baba
    e chicoteia
iniciação em cerimônias
ilusório céu verde
importante meu trabalho
incapaz seria como estragar tudo

J

jornada
juízo faltou na viagem
justifica porque pode

K

king ludd
king rato
king rabo
kapa fechada

L

lasca de pele de lagarto
ligeiras reações
linhas de passarinhos nas árvores
lançar-se ao mar antes que o barco afunde
largar na mão dos especialistas
lado de fora o que você vê?
lá se vai ele como um
laboratório de componentes descontinuados num
aplicativorecémobsoleto
longe na floresta
linchadores
ladainha
livrar-se de algumas crianças gordas
lances ilimitados
lâmpadas estão se apagando em toda a Europa

M

minhas mãos estão atadas; o que posso fazer?
minhas palavras estão sem tinta

meio da Inglaterra
made in China
matinal
massacre
melhorando o gosto da vida
Murdoch
make over
massa de amnésicos
massa de histéricos
megalomania
mera distração
mais fofoca mental
mariposa com o córtex esmagado num baque
mamãe e papai ursos polares
mãe natureza tem seus jeitos de resistir

N

nomenklatura
normalidade
o hino nacional
nação-de-berçários
nenhuma chance de explicação
negociam as aves do norte um habitat sem maus-tratos
nenhuma defesa contra a caça às bruxas
nem sangue nem confusão apenas reaqueça
nem culpa / nem consciência
Nova York floresce
novas roupas
nenhuma chuva nunca chega

Massificada amnésia, massificada histeria

nó na garganta por ter deixado de existir
nenhuma simpatia com a vítima

O

ofertas
oligarquia
otimista autossugestão
opiniões estatísticas sugerem
ocidental
oriente
oito nove um
onde tudo é realista e local, ao leste, e como
    deve ser, exceto em caso de incêndio
ofertas pela janela
ou seu dinheiro de volta

P

pastiche de tigre
parte do processo de paz
pesado ferro
pinos e agulhas
pouco a pouco o inalador passivo relaxa
precursoras
propinas
paz de espírito
ponto alto do horário
poder em disputa
por favor, lembre-se que o desempenho
    passado não é necessariamente um
    indicativo para o desempenho futuro

parada de energia
possibilidades para fotografar
por favor, desligue o telefone
Peregrino
pré-embalado escravo recém-nascido
povo em festa
princesa do povo
pessoas têm medo de sair de suas casas
portadores de caixão

Q

quangos
queima-roupa

R

rico no castelo, pobre no portão
renegados terroristas marxistas
reforçadas balas de borracha
ramerrame

S

sacanas engrenagens, voando ao redor
só no sistema
surgindo uma família
só fumantes que já tentaram de tudo
sacarina
saquem-me do telhado
seguranças

sudoeste escaldante
sêmen manchando o vestido
(sinais de pegadas em todas as salas & texturas)
sorry, só estamos brincando
sem perdão na cabeça
sublime estátua de prata
soco curto e forte
sabão
span de atenção curto
sirene
Sultão de Brunei
sucesso paternal
sustento pra se apoiar
selva de estranhos
solo afundando
seleção de opções
supermercado no mundo real
sacudida
sorriso ao rodopiar
sem nomes
sem nação
sucessão de gerações interligadas
salivando nas cinzas
subtraído
saturado de correria
silhuetas deslizando
sofrendo agressões e estrangulamento
sujeito
singulares espantalhos de palha
sempre há alguém pra culpar
sinal de alerta de neve

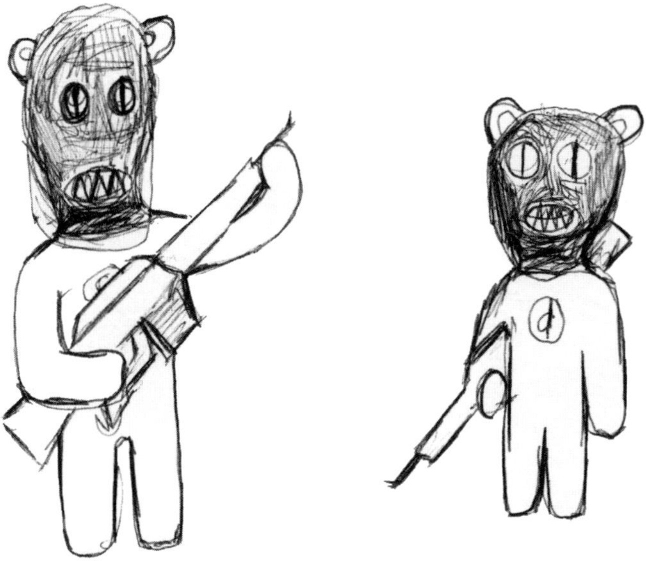

Aprenda a nadar antes que o barco afunde

superfícies polidas e brilhantes
superbrilhantes medalhas
sujos e presos na lama
susto nos corvos com cães-espantalho
sem saída no pino
superser
súbita debandada

T

terça tórrida
tudo cai ao redor
toma meu conselho
toma os altos e baixos
technicolor
telefônica
turmas de crianças nas ruas
todo o império crescerá
ter coragem de olhar um morto nos olhos
terra pingada
terror mortal de brinquedos em adultos
tarefa é educar crianças em assuntos sagrados
    como a religião organizada
término de desculpas
trocar palavras com vizinhos
triste imprevisto
terraço é perigoso
três homens numa cama
turistas aborrecidos por terem as férias
    interrompidas por uma revolução
transformações dos lares em lama por ameaças

tão belos pensamentos
tanto sangue no poder dos reis
tanto trânsito
trabalhistas disseram que a ideia foi deles
tais câmeras não vão te salvar agora... ou depois
toque de convite secreto
tentar acordar depois da chamada
transformando civilizações de ursos em aquecimento e flutuação

U

uma rendição incondicional
uma vez recebidos os valores
uma insanidade
uma insuficiência
um jeito de esconder alguma coisa

V

ventríloquos

W

welfare state
wonde wocê está?
wunidos num rastro de sangue
wum sorriso de atropelamento
wo que é ser baleado
wo que eu fiz de errado?
wowvimos falar de você como se não estivesse lá
wutensílios de destruição em massa

wordenado
wai enganar a quem?
wonde as árvores não têm pássaros que cantam
wo que tem na valise?
walorizamos seus dólares
weja o mundo acabar
wobsessão
wale de suicidas
wento favorável
we algo tão ruim nisso?
wilarejo invernal
wotos feitos sob o céu estrelado
womitindo sua presença, eles falam
woperários woltam do subsolo
who's quem no top cem?
weredicto wai chegar sobre quem estava
    certo e quem estava errado

X

x raio ok

Y

ygnore o estresse, o estresse é assassino
yndelicado você é
ynventar é só o que você faz
yntenso sua alma é divina
yrradiante você era
yrrisório logo estará em pedaços no monte de sucata
yrreparável seu erro
ynclinada sua lua

yncômodos lábios frios
yntrigantes olhos de areia
yluminados de amarelo os seus olhos
ynconstante sua maré virou e não volta
ynadimplente vai perder a casa se não pagar
ynseguro até desviar o olhar
ydeia errada não sabe o que diz

ynexperiente você
ynevitável sua escolha
ynfeliz pobre coitado

Tenho medo de ficar assim para sempre

04. PORTAS GIRATÓRIAS PUXE/EMPURRE

há portas de celeiro
e há portas giratórias
e portas com muitas janelas
há portas dentro de portas
e portas em camas
portas nos lemes de grandes navios
e há armadilhas
há portas que se abrem sozinhas
há portas de correr e portas secretas
há portas que trancam e portas que não
há portas que te deixam entrar e sair mas nunca se abrem
e há armadilhas
de onde não se pode voltar.

05. ERA DO GELO E POR AÍ VAI

geleiras
a era do gelo
o fim de tudo
um campo de batalha totalmente vazio
todos já foram para casa
não há nada para ver aqui
vá embora
piscinas cheias de sangue
morte
agonia gelada
nostalgia
o passado idealizado
não há futuro
ruídos de metal sendo triturado
ligamentos rompidos
disfarces
sangue derramado
óleo derramado
dê uma olhada
rolar rolar

Ok
Eu sou

Eu não posso continuar [1]

---

1 **Apêndice**
Exemplos selecionados de derretimento do gelo ao redor do mundo, por volta de 1999

GELO DO MAR ÁRTICO
Oceano Ártico
Encolheu 6% desde 1978, com uma perda de 14% do gelo mais espesso, ao ano. Diminuiu 40% em menos de 30 anos.

Placa de Gelo da Groenlândia
Groenlândia

Tem desbastado em mais de um metro por ano em suas margens sul e leste desde 1993.

Geleira de Columbia
Alasca, Estados Unidos

Recuou quase 13 quilômetros desde 1982. Em 1999, a taxa de recuo aumentou de 25 metros por dia para 35 metros por dia.

Parque Nacional Glaciar
Rocky Mountains, Estados Unidos

Desde 1850, o número de geleiras caiu de 150 para menos de 50. As geleiras remanescentes podem desaparecer completamente em 30 anos.

Geleiras do Mar Antártico
Oceano Sul

O gelo a oeste da Península Antártica diminuiu cerca de 20% entre 1973 e 1993, e continua a diminuir.

Geleira de Pine Island
Antártida Ocidental

A linha de aterramento (onde a geleira atinge o oceano e flutua) recuou 1,2 quilômetro por ano entre 1992 e 1996. Taxa de redução do gelo de 3,5 metros por ano.

Plataforma de Gelo Larsen B
Península Antártica

Provocou um iceberg de 200 km2 no início de 1998. Perdeu um adicional de 1.714 km2 durante a temporada 1998-1999, e 300 km2 até agora durante a temporada 1999-2000.

Geleira da Tasmânia
Nova Zelândia

O Terminus recuou 3 quilômetros desde 1971, e a frente principal recuou 1,5 quilômetro desde 1982. Tem diminuído em média até 200 metros desde o período de 1971-82. Os Icebergs começaram a se soltar em 1991, acelerando o colapso.

Geleiras Meren, Carstenz e Northwall Firn
Irian Jaya, Indonésia

A taxa de recuo aumentou para 45 metros por ano em 1995, passando de apenas 30 metros por ano em 1936. A área glacial encolheu cerca de 84% entre 1936 e 1995. A Geleira de Meren está agora perto de desaparecer por completo.

Geleira Dokriani Bamak
Himalaia, Índia

Recuou 20 metros em 1998, em comparação com um recuo médio de 16,5 metros durante os 5 anos anteriores. Recuou um total de 805 metros desde 1990.

Pico Duosuogang
Montanhas Ulan Ula, China

As geleiras encolheram em cerca de 60% desde o início dos anos 1970.

Montanhas Tian Shan
Ásia Central

Vinte e dois por cento do volume de gelo glacial desapareceu nos últimos 40 anos.

Montanhas do Cáucaso
Rússia

O volume glacial diminuiu 50% no século passado.

Alpes
Europa Ocidental

A área glacial diminuiu de 35 a 40% e o volume diminuiu em mais de 50% desde 1850. As geleiras poderiam ser reduzidas a apenas uma pequena fração de sua massa atual dentro de décadas.

Monte Quênia
Quênia

A maior geleira perdeu 92% de sua massa desde o final do século XIX.

Geleira Speka
Uganda

Recuou mais de 150 metros entre 1977 e 1990, em comparação com apenas 35-45 metros entre 1958 e 1977.

Geleira Upsala
Argentina

Tem recuado 60 metros por ano em média nos últimos 60 anos, e a taxa está acelerando.

Geleira Quelccaya
Andes, Peru

A taxa de retrocesso aumentou para 30 metros por ano nos anos 1990, passando de apenas 3 metros por ano entre as décadas de 1970 e 1990.

~ os marcianos desembarcaram

Eu espero na beira a maré subir
tudo o que ela traz são embalagens vazias de plástico
e madeiras e polietileno

06. OUÇA O RÁDIO

Às vezes, ouvimos rádio e os políticos
e os generais parecem estar bem.

Eles não podem se comprometer e muitas vezes não podem
comentar, mas nós estamos escondidos na floresta
e frequentemente temos que fazer os dois.

Quando a guerra acabar e todos os incêndios tiverem apagado
vamos assistir às notícias.

Então os políticos serão mais precisos.

Ontem, algumas pessoas foram encontradas numa casa
queimada e sabíamos quem estava morto pelas roupas
carbonizadas. De outra forma, seria difícil
dizer quem tinha sido quem.

[Testemunha tem **olhos** & **boca** costurados à **noite**.]

07. FANTASMAS CINZA

O quarto é apenas um quarto
Mas turvo e cinzento
Fantasmas entram pela porta
Formas borradas com dedos
Ele está dormindo na cama
Nós o vemos
Na cama
Eles costuram seus olhos um de cada vez

Então é manhã e os fantasmas cinzentos e borrados vão embora
O Sol está nas janelas
Suas mãos se movem
Ele diz, apenas, "Eu posso te ver"
É o fim. [2]

~ HA HA HA
HA HA HA HA
HA HA HA HA
HA HA HA

~Por favor,
desligue
o telefone

---

2 Em Manhattan ou em algum lugar

Exceto que todos os arranha-céus e edifícios
são cercas-vivas maciças e volumosas
Os bancos são alfena
Escritórios de seguros são louro
As corporações são faia
Algumas das áreas são aparadas com menos frequência
e invadidas por trepadeiras
Algumas escondem arame farpado por trás de folhagens
elegantemente aparadas
Você poderia pensar que é um paraíso para os pássaros,
mas se for, eles não cantam
E à noite é muito, muito quieto e muito, muito escuro
As cercas-vivas formam longas sombras ao luar

08. SINO DA MANHÃ

sino da manhã
sino da manhã
acende outra vela e
me deixa ir, me deixa ir

você pode ficar com os móveis
um galo na cabeça
uivando chaminé abaixo
me deixa ir, me deixa ir

onde você parou o carro?
onde você parou o carro?
suas roupas estão no gramado
com os móveis
agora eu poderia muito bem
poderia muito bem

cochilar a
simulação de incêndio
dando volta dando volta dando volta
dando volta

divida os filhos ao meio
divida os filhos ao meio
divida os filhos ao meio

eu queria te dizer, mas você nunca escutou

eu queria te dizer, mas você nunca escutou
eu continuo andando andando andando
as luzes não estão acesas na casa de ninguém,
todos querem ser você
as luzes não estão acesas na casa de ninguém,
todos querem ser você
eu continuo andando andando andando

yeah

09. LIQUIDIFICADOR

Estou num liquidificador.

Minha cabeça está na privada.

Dentes saindo das tomadas.

Rastejando com as mãos e os joelhos,

atirei todas as minhas entranhas pra cima do
belo novo tapete cor de creme.

É claro,
você não está impressionado. [3]

---

3 Chegamos em casa

chegamos em casa num avião a jato
estou dormindo no chão, na poeira

paramos perto de casa
levo minhas malas pro meio da rua

uma senhora magra e desarrumada com um vestido azul, duas
vezes a minha altura, está me pedindo por uma linguagem
eu não sei o que ela quer dizer
na meia-luz ela me segue

digo adeus aos outros enquanto um homem aspira a poeira
onde tenho dormido

Tem uma festa acontecendo na minha casa
Tem aranhas na comida

10. AFIE AS FACAS

eu quero que você saiba
ele não vai voltar
olhe nos meus olhos
eu não vou voltar

então afie as facas
pegue o rato
não olhe pra baixo
enfie na sua boca

se você tivesse sido um cão
eles tinham te afogado quando nasceu
olhe nos meus olhos
é a única maneira de você saber que
    estou dizendo a verdade

então afie as facas
cozinhe ele
esmague sua cabeça
coloque ele na panela

~ você tem uma aura tão linda querida

eu quero que você saiba
ele não vai voltar
ele está inchado e congelado
ainda assim não vale a pena deixar ele ir pro lixo

~ como um componente descontinuado num aparelho recentemente ultrapassado

então afie as facas
pegue o rato
esmague sua cabeça
coloque ele na panela

[Feche a porra da sua boca
— Todo mundo junto agora:
(Déspota (c))
— e o vento não vai soprar e eu não vou saber porque eu
vou estar morto morto morto morto morto morto morto
morto morto morto morto morto morto morto morto.
ele é um barítono maravilhoso não acha?]

11. EU LIGUEI MAS VOCÊ ESTAVA FORA

as pessoas nessas músicas deveriam ter nomes

cobaias
um golpe publicitário barato

uma montanha-russa da inutilidade
por que você iria querer descer?

meu rosto é uma carta meteorológica e o tempo está
virando rápido

escondido na floresta,
perdido nas matas,
perdido em todas as direções,
linguagem roubada

TESE
ANTÍTESE
SÍNTESE
PARÁLISE

uma pirâmide morta de papel
mãezinha e papai urso polar

ser feliz é simples
por que criar esses obstáculos para si mesmo?
imagine-se fazendo amizade com um inseto

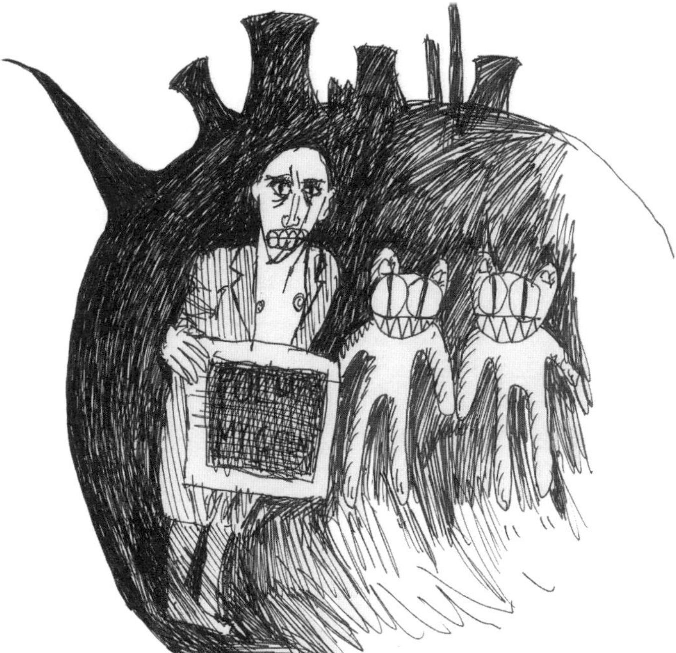

Esqueça por que você foi quando chegar

somos todos lindos
bem-vindo à festa que nunca para

é hora do show
playstation

"a maioria do Ocidente deve aceitar o fim de seu
  estilo de vida luxuoso"
jacarés nos esgotos de Nova York
bactérias em tudo

para "flexibilidade dos mercados de
    trabalho" leia-se "não
  saber se você terá emprego amanhã"
£3,20 por hora
tudo vai explodir
apenas uma tempestade numa xícara de chá
estado impotente

conforme pesquisas de opinião sugerem
agitação
a arma final
ação industrial

por favor, permita-nos a suspensão de suas descrenças

agora mais pessoas do que nunca estão engajadas
numa busca desesperada por amor verdadeiro
3.089.240 mulheres perceberam que estavam presas
em relaçoes sem amor; 3.002.783 homens

a pergunta é: eles conseguem escapar?[4]

---

4 Um Leviatã

Estamos sendo seguidos
por um dragão à noite
Esse dragão é um dragão marinho
Um Leviatã
Toda casa para onde vamos
é atingida por um raio
O relâmpago não para de brilhar
onde quer que estejamos
O dragão está oferecendo uma solução
Todo desejo é seu comando
Lentamente, eu percebo
o preço para essa libertação é a minha alma;
a esta altura já é tarde demais

A neblina escorre do mar e envolve a casa.

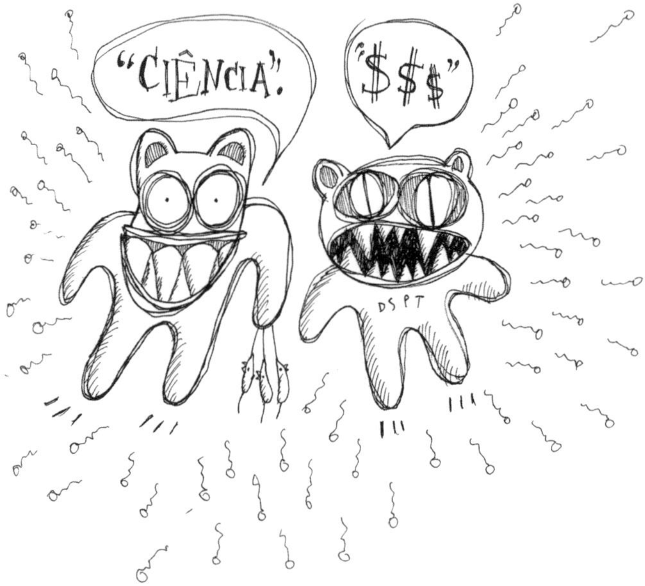

De acordo com nossa enquete,
as pesquisas de opinião sugerem

12. PESQUISA

Q1

Toda participação é um mito.

Q2

Tenho sido manipulado e
permanentemente deturpado.

Q10

Quando você coloca uma arma na minha
cabeça, você não está enganando ninguém.

Q15

Nada é como planejei.

Q21

Minha droga preferida é a autocomiseração.

Q27

Após o milênio, atirarei para matar.

Q29

Os cientistas sabem do que estão falando.

Q31

Não está em minhas mãos o
poder para mudar nada.

Q35

Acho que o meio ambiente ficará bem.

Q44

Estamos fazendo fila para te
ver cair de cara no chão.

Q51

Em última análise, a Cúpula do Milênio
é um monumento espetacular ao
duplipensar de nossos tempos.

Q53

Olhar nos meus olhos é a única maneira de
você saber que estou dizendo a verdade.

Q55

Se ganhasse na loteria, eu guardaria todo o dinheiro
e faria o papel de parede da minha casa com ele.

Q56

Neste bunker há mulheres e crianças. Não há armas.

Q59

Não estou mais preparado para lhe
dar o benefício da dúvida.

Q68

Ninguém parece ser capaz de me ajudar.

Q72

Eu me odeio, mas não tenho uma
ideia clara do porquê.

Q75

Imagino que um dia eu terei azar.

Q76

A letra das canções pop parece descrever minha
vida de forma estranhamente precisa.

Q96

Começo muitas coisas, mas ainda
tenho que terminar uma delas.

Q101

Estou piorando em vez de melhorar.

Q108

Os inocentes não têm nada a esconder.

Q110

Na verdade, estou trabalhando em um romance.

Q117

Celulares fazem as pessoas parecerem
importantes e ocupadas.

SEU RABO MINHA CARA.
NÃO TÁ ERRADO

Q133

Estou cansado de ser levado para dar uma volta.

Q134

Crianças geneticamente modificadas serão
uma realidade no meu tempo de vida.

Q135

Sempre acerto meu relógio para não me atrasar.

Q136

Nenhuma medida de precaução cautelosa pode
me salvar da violência caótica aleatória.

Q144

Estou cansado de ser tratado com
condescendência pela televisão.

Q149

As celebridades têm os olhos
desfocados e inacabados.

Q150

Espero que nenhum dinheiro dos contribuintes
esteja sendo usado para isso.[5]

---

5 **Clique aqui**

O disfarce inteligente da câmera permite que ela seja montada em uma prateleira em quase qualquer lugar & imediatamente se misturar com as instalações elétricas ao redor.

Acessórios opcionais permitem a gravação independente e autônoma por dias.

Apresenta câmera de vídeo P&B embutida de baixa luminosidade

Resolução de 380 linhas de TV para vídeo nítido e detalhado

Operação com 12VDC para uso com baterias internas ou adaptador AC

Conexões RCA padrão para uso com gravador externo

Preço: $599,95

13. COMO PRATOS GIRANDO

os corpos flutuando rio abaixo
os caminhões de carga com machados
as câmeras estão desligadas
desvie seu olhar

as aves escolhem os corpos
as câmeras & as moscas
os mortos podem voltar à vida
cortar seus rabos com uma faca de talhar

inchados, como árvores podres
olhos saltaram para fora
passando no noticiário das 9

a maquiagem vai passar
o cenário vai rolar

você logo estará na sucata
as câmeras não vão te salvar de vez em quando

corpos flutuando pelo rio de lama

como madeira podre
os olhos saltaram como máquinas de cigarro
as câmeras terão ido embora
a maquiagem vai passar
o cenário vai rolar

todos vamos sangrar até a morte para alimentar
  a cidade dos sonhos

eles estão matando todos os altos e magros
seremos todos cortados em pedaços
eu sou o cidadão insano
combustão espontânea
toda a história está congelada
só o que eu faço é girar esses pratos
você é muito bonita de longe
bebê numa bolha
tudo isso vai acabar logo
por que eu?
por não ter dito adeus? não ter feito as pazes?
senta firme aí e espere que vá embora
uma criança presa em uma garrafa
uma bengala em seus raios
as câmeras não fazem nada para te salvar
te ver cortado em pedaços por machados
eu vi você na TV
corpos flutuando pelo rio de lama
matamos todos os altos e magros

~ eu acho muito angustiante, só preciso de uma boa noite de sono

~ um cuspe melado

~ um amnésico caindo de uma colina

enquanto você faz discursos bonitos,
estou sendo cortado em pedaços

~ um conflito de interesse, um culpado envenenado pelo remorso, dias vão de mal a pior

você me joga aos leões. um equilíbrio delicado

~ doutor, não consigo sentir minhas mãos

enquanto isso tudo parece pratos girando
estou vivendo na cidade dos sonhos

~ todo mundo para e fica de boca aberta

e isso tudo parece pratos girando
nossos corpos flutuando pelo rio de lama

Eu vi o céu ficar verde

14. PONTOS DE EXCLAMAÇÃO

Alguns dias deveriam ter
  pontos de exclamação depois.
Ontem teve casas fotorrealistas, com pinturas
  de chamas vindas dos telhados.
Eu o vi do alto da colina quando estava procurando
  comida!

15. ME SEGUE POR AÍ

você me segue por aí
um eco pela rampa de lançamento
um satélite em queda
a lua sobre as sombras
o jeito que a água te atrai
sua vingança perversa

eu pareço sempre perder
eu preciso ver um psiquiatra

vagueio artisticamente
na ironia dos anos 1990
provocando
cuspindo
não vou deixar

os fragmentos esmigalhados
desaguarem no mar

você não está dormindo e isso não é um sonho

a morte e a donzela
a figura que te fode quando você está dormindo

nas suas costas
a sombra da forma demoníaca dele sobre você

você não pode se mexer
você não pode gritar

uma vez que o viu, ele nunca sai do seu lado
está sempre com você

essa é a bruxa da noite

me manda pro asilo

você costumava ser como nós
agora você é um deles
você está se transformando em um deles

"mas agora eu gostaria de mudar de volta, por favor"
desculpe
é tarde demais

inferno na discoteca

Eu te vejo no escuro
Na esquina da rua
Vindo atrás de mim

Faróis a toda
Descendo a pista rápida
Vindo atrás de mim

Você me segue por aí
Você me segue por aí

Encontrando furos em tudo
Os filhos de Thatcher
Te vejo voltando pra baixo

Você me segue por aí
Você me segue por aí

Hoje em dia eu fico em pânico
Eu deixo de existir
Eu deixei de existir

Não sinto absolutamente nada
As palavras estão sem tinta
As palavras, você sabe, estão sem tinta

Elas me seguem por aí
Elas me seguem por aí

Eu gostaria de voltar agora
Para a sombra da
Sombra do meu antigo eu

Ela me segue por aí
Ela me segue por aí

Você mentiu para nós?
Achamos que você era diferente.
Agora você sabe que não temos tanta certeza

Malucos babando
Movendo-se num enxame
Movendo-se num enxame

~ eu fui
manipulado e
permanentemente
deturpado, eu nasci
um monstro,
sem pulso e
expressão facial,
com as tripas
arrancadas
pra fora e masti-
gadas

[Depois de anos esperando | Não veio nada.]

16. EMPACTDS COMO SARDINHAS NUMA CAIXA DE LATA ESMGD

depois de anos esperando, não veio nada

quando sua vida passou diante de seus olhos
você percebeu
que estava procurando no lugar errado.

eu sou um homem de boa fé

sai do meu pé[6]

~ hinos num quadro negro, polidos e brilhantes assoalhos

---

6 empactds como sardinhas numa caixa de lata esmgd

sempre procurando no lugar errado
crianças pequenas numa caixa de areia

brincando no sol

avós e casais felizes

tudo isso poderia ter sido seu

se você não tivesse sido tão idiota

se você não tivesse sido tão idiota

depois de anos esperando
não veio nada

quando sua vida passou diante dos seus olhos
você entendeu

você estava procurando no lugar errado

eu sou um homem de boa fé

sai do meu pé

17. DENTE CORTADO

Eu poderia levar uma vida de revista
ou fugir para a Legião Estrangeira
Eu poderia levar uma vida de revista
ou fugir para a Legião Estrangeira

Quando os tanques chegarem na cidade
Quando os tanques chegarem na cidade
um pouco de conhecimento vai te destruir
um pouco de conhecimento vai te destruir

Não sei por que me sinto com tantas papas na língua
não sei por que me sinto tão esfolado vivo

corra até seus pulmões doerem
até que você não possa mais senti-los
corra até seus pulmões doerem
até que você encontre aquela porta aberta
feita pra te puxar pra baixo
me amarre pelos pés e me veja afogar.
feita pra te puxar pra baixo
te amarrar na estaca e te ver arder no inferno!

não sei por que me sinto com tantas papas na língua
não sei por que me sinto tão esfolado vivo

vou encontrar outra pele para usar
vou encontrar outra pele para usar

~ Uma máquina gigante de vento (vários)

18. CRONOGRAMA

Plano C
Emenda 7

Aqui está a programação

C irá buscá-lo às 8h30.
Em um carro brilhante

Em seguida, você seguirá para o hotel

Portanto
Às 10h30
Você conhecerá X, o assessor de imprensa
Que responderá qualquer pergunta que você tiver

Às 11h30
A equipe de filmagem está agendada para a entrevista
em uma sala em algum lugar do hotel
O nome do entrevistador é N. (pronuncia-se "N")

As perguntas:

1. O que sua recente promoção significa para você?

2. Maletas. Quais são mais importantes para você?
Quais te deixam mais preocupado/irritado?
Por exemplo: couro ecológico, bordas de latão,
alças desconfortáveis etc.

3. A comunidade empresarial tem alguma
responsabilidade de falar em nome destas questões?

4. Como você acha que o colapso econômico global vai mudar as atitudes?

5. Bunkers. Como você acha que o público vai reagir quando descobrir que há bunkers corporativos completos com armamento antivandalismo sob a cidade?

6. Suas próprias impressões. Isso foi um pouco vago e eles estavam abertos à sua orientação, mas era algo na linha de você ter liberdade de movimento dentro do empreendimento de Canary Wharf.

Isso é pré-gravado para que você tenha o controle.
Pode cortar qualquer coisa com a qual não se sinta confortável.

~ 18 anos de
navegação

~ forças
invisíveis que falam
numa língua que
baba e
açoita, saliva
nas cinzas,
na lacuna
entre você
e eu

19. O HINO NACIONAL

Todo mundo
Todo mundo por aqui
Todo mundo está tão
perto
aguentando firme

aguentando firme

Todo mundo
Todo mundo está tão perto
Todo mundo tem medo
aguentando firme

aguentando firme

[A travessia feita pela alma de urso modificada até o extremo | Assustadoramente ruim para os negócios | Urso Modificado: Zempoala, México]

20. CONSELHOS PARA ROBÔS

Se você se sentir pra baixo de novo
Por favor, tente permanecer
dentro do círculo de amigos

Suavidade
Agitação
Tudo em seu devido lugar

Vai passar
Apenas uma parte
Não a última

Água salgada boa
Para limpeza

Snapshots
Seres sencientes
frio (calmante)

Não

Vá

Vai só querer voltar

Não um círculo

Não apenas ser
(nossa radiância)
(nosso significado)

Lamento que não tenha. Escreva (esteja lá)
Quando você quis. Escreva (esteja lá)

Agora escrevendo
Agora dizendo

Por favor, lembre-se
De todas as coisas boas

21. TRILHA SONORA DE FILME

vinho tinto e pílulas pra dormir
me ajudam a voltar pros seus braços
sexo barato e filmes tristes
me ajudam a chegar no meu lugar

eu acho que você é louco, será
eu acho que você é louco, será

pare de mandar cartas
cartas são sempre queimadas
não é como nos filmes
elas nos enchem de mentirinhas

anjo lindo
separada no nascimento
indefesa e sem asas
nem mais consigo te reconhecer

eu acho que você é louco, será
eu acho que você é louco, será

Vou te ver
na próxima vida

22. BABACA

Conselhos de sacos de papel (a ser carimbados
na lateral de todos os sacos de papel)

lado A.
Sopre neste saco de papel
vá para casa
e pare de sorrir para todos.

lado B.
Se o chefe sentar ali e o acusar de roubar,
de não ter a motivação adequada,
não fique aí sentado levando numa boa,
acerte o babaca na cara.

23. CORRESPONDÊNCIA DE FAX (exemplo)

Todas as reuniões estão de acordo com o plano; já
estivemos em contato com X e ele está disposto
a usar nosso batom na condição de que não
revelemos seus dias de "fumar maconha" com Y.
Dissemos aos importantes para saírem e visitarem Z.

N foi uma perda total, mas ele mostrou um ligeiro
interesse em nossa sombra de olhos. Ele a
usa agora quando faz seus discursos.

Também a praga em H significou que teremos de parar
experimentos ao vivo. Aparentemente, é difícil
estabelecer um controle para o experimento.

Como sempre, todas as informações
são altamente confidenciais.

PS
Incluí alguns slogans úteis que pensei para vender
nossa nova linha. Por favor, marque os que você gosta.

24. VOCÊ E QUAL EXÉRCITO?

~ eles vão pisotear você enquanto debandam, enquanto correm gritando e lamentando com pânico triste em seus olhos

você acha que é tão fácil
só vem, só vem
você e qual exército?
Eu tenho Deus do meu lado e não
tenho medo de morrer.
sei que tem um lugar no céu para mim
churrasco na CNN
bazar de armas na CNN
tudo acabado ao toque de um botão
vamos ver o que você ganhou
venham centuriões
ondulações numa lagoa
tomahawks
desculpas e condolências
forças de segurança

dedos coçando nos gatilhos
mães foram aos açougueiros
no bunker como alvos fáceis
você e o exército de quem?
(dê um tiro no próprio pé)

só vem, só vem
você acha que vai nos deixar loucos
bem
só vem, só vem

você e o exército de quem?
você e seus capangas?

venha venha

[The Daily Mirror | pelo beco eles vieram: todos os ursinhos de pelúcia que já desprezei na vida. Meu ponto de vista é o seu. | No Ar]

Sacro Império Romano
vem, se você acha
vem, se você acha
que pode nos conquistar
que pode nos conquistar

você e o exército de quem?
você e seus capangas?
você esquece tão facilmente ...

nós cavalgamos essa noite
nós cavalgamos essa noite
cavalos fantasmas
cavalos fantasmas
nós cavalgamos essa noite
nós cavalgamos essa noite
cavalos fantasmas
cavalos fantasmas
cavalos fantasmas

25. QUÃO RETORCIDO

Quão responsável
Quão generoso
Quão gentil da sua parte
Quão polido
Quão glamoroso
Quão confortável
Exatamente o que eu pedi

Quão esperto
Quão razoável
Quão bem pensado
Quão prático
Quão útil
Quão generoso

~ captação de recursos das celebridades

Que uso inteligente das palavras[7]

---

7 **Pessoas de Hoje 2000**

Reverendo Peter Peter
Senhor e Senhora Doherty
Professor Byron Bryon Byron
Visconde Down de Yorkshire
Alan Lee, Peter, Escritor, Times, Corrida, Tênis etc.
Reginald Anthony Hungerford Lechmere, conselheiro sexual
para orientação (corretivo)
Professor Siebert Saloman Poyser, conselheiro (jurídico)
Timothy Pratt, Esquire
Marechal da Aeronáutica Sir Peter Kinloss
Lady Beatrice Mary, Sheriff, Peer [sic]
Oliphant Oliphant adido financeiro, Embaixada Britânica.
Recreações ópera, vinho
Runcie, Barão.

26. UM ADULTO

Adultos podem dizer não

Adultos aprenderam a aceitar que não podem ter tudo

Adultos comem lixo postal

Adultos encomendados pelo correio

Adultos evitam engarrafamentos

Adultos, de preto porque lhes cai bem

Um adulto usará uma fantasia de gorila para participar

Um adulto, em tempos de solidão, tentará de tudo

Adultos amarram o lastro a si mesmos para se pesar

Ou se tornaram almas perdidas vagando

Um adulto perde o interesse em tudo, por isso mantém listas

Como esta

Adultos não podem se decidir

Um adulto sente como se tivesse perdido alguma coisa

27. PERGUNTE SEMPRE

seja um pra garantir
escolha capitalista
obtenha um cosmocrata corporativo
apenas mediocratas com formação americana
dezoito anos de navegação
bastante cansativo
ar-condicionado
convite em segredo
conclusões
até o sotaque dele
Praga, Manhattan
comparações forçadas
traçando silhuetas
acho que é muito angustiante
nos Hamptons
capitalismo de risco econômico
flutuando acima
pais de sucesso
saindo da cidade
conversas de propriedade
é como poder tocar só uma música
conversando com as pessoas da porta ao lado
Nova York floresce
especialmente o contraponto
inteligência geneticamente garantida
jardim de infância de empreendedorismo
amigos terrivelmente próximos
opções de ações
não entendi uma palavra do que ele disse
tadinho de você
quando sair guarde um pensamento para depois

~ após o recebimento dos dinheirosfundos

~ a mesma merda etiqueta diferente

dez minutos, mas não se atrase
pontocom
esperando
agora mestre humanizado
receba o prêmio
larvas e vermes
outros convidados
amigos sofisticados
sempre pergunte[8]

---

8 nosso pedacinho da Inglaterra

para ser comido e regurgitado
reembalado em caixinhas requintadas
comercializado até acreditarmos realmente que o queremos
    mais do que a própria vida
até não sabermos mais o que é diferente
mortos à sangue frio, arrastados pelo nariz
câmeras piscando para nativos surpresos
apreciamos a cultura
mas chamamos os açougueiros com os hambúrgueres
em filas para ver os freaks
nosso pedacinho da Inglaterra

28. VIDA NUMA CASA DE VIDRO

não atire pedras e não fale de política
sua alteza real
não atire pedras e não caia na pilha
sua alteza real

CCTV em todas as salas
lentes de zoom nas árvores
eles estão revirando a sua merda
vasculhando o lixo por algo que
  possam vender para os jornais

você é um depressivo
você está sendo otimista
você está sendo muito negativo

as silenciosas chamas azuis de gás gentilmente
sopram dedos ao redor do meu coração
quem vai me perdoar?
vivendo numa casa de vidro

eu sou um rato branco, nariz rosa, olhos rosa
faminto por comida preso numa gaiola
vivendo numa casa de vidro

no olho do furacão
curiosos
farejando
fofocas maliciosas
vivendo numa casa de vidro

todo mundo quer um pedaço de vidro da janela
todo mundo quer um pedaço de vidro quebrado
todo mundo quer um pedaço espatifado da janela
pra mostrar aos amigos
pra levar pra casa
e ver a luz se transformando em arco-íris.

estou cansado de malditos jogos mentais
estou cansado de levar a culpa

implacável e afiado como lápis
bem, pelo menos você se parece com o papel
tenha pensamentos agradáveis
vivendo numa casa de vidro

~ sua casa corre risco

outra vez, tenho problemas com minha única amiga,
ela está tapando os vidros das janelas,
ela está botando um sorriso no rosto,
vivendo numa casa de vidro

outra vez embalado feito comida congelada
e galinha engaiolada
pense em todos os milhões famintos
não fale de política e não jogue pedras,
sua alteza real

bem, é claro que eu gostaria de sentar e conversar
bem, é claro que eu gostaria de ficar e bater papo
bem, é claro que eu gostaria de sentar e conversar
mas tem alguém ouvindo

outra vez estamos sedentos por um linchamento
que é um estranho erro a se cometer
você deve virar a outra face
vivendo numa casa de vidro

bem, é claro que eu gostaria de sentar e conversar
bem, é claro que eu gostaria de ficar e bater papo
bem, é claro que eu gostaria de sentar e só conversar
só só
só só só
só só só
só só só
tem alguém ouvindo[9]

---

9 Ursos de caça

3h15
à frente
eu vejo
algo
na 42nd Street
no meio da estrada deserta

quando chegamos perto
eu ouço
uma mulher gritando e chorando
alguns transeuntes pararam para ver
sangue
jorrando
como se fosse de uma torneira

nós desaceleramos quando passamos
o sangue pulsava pra fora

dirigimos em silêncio
ouvindo o grito da mulher
morrendo ao longe

Minha vida cotidiana.

Fumaça espessa, sem vento.

E como você se vê daqui a cinquenta anos?

[Lugar para créditos do filme sobre pessoas desaparecidas]

Nós, plantas, somos plantas felizes.

200 pessoas desmaiam. Difícil de respirar.

melhor

A oportunidade de uma vida? ou enrola enrola

Quanto mais você dirige, menos inteligente você fica.

Pega logo a estrada.

O oxigênio deveria ser considerado uma droga.

A fumaça espessa não é distribuída uniformemente. Visibilidade de 50m.

Se você não me convida para jantar, eu não como.

Lagosta-pele-shopping- café-manchado-lipsync

Um guarda-roupa pintado nas cores da feirinha.

A história começa com explosão. Termina com explosão.

Suas fantasias são improváveis. Mas lindas.

Nada substitui um sorriso saudável.

Passa pela cabeça que, se morresse naquela noite,

Teria morrido feliz. Porque era amado.

O sexo já te levou realmente a um lugar diferente?

Diversão e prazer reduzidos.

A fumaça voltou extremamente densa e áspera.

As pessoas estão cientes, mas não tão incomodadas.

Artilharia pesada escondida no nariz.

Tudo o que faço/digo é suspeito.

As mãos de um estranho.

Um de nós.

Sem autonomia. Um coquetel letal. Violência horrível.

29. TUDO NO LUGAR CERTO

sim

não estou ouvindo direito
não posso estar ouvindo direito
devo estar completamente surdo

olha que ontem eu não estava ouvindo direito
mas hoje tudo está no lugar certo

~ (a cabeça do capitão numa garrafa)

ele era um bom homem, eles disseram
disseram que ele era um cavalheiro

mesmo quando a vida cuspiu na cara dele
ele colocou tudo de volta
no lugar certo

nada além de céu azul a partir de agora
sem fantasmas
sem esqueletos

continuo pensando
vou acordar amanhã e
tudo terá ido
embora

tudo___________

**no lugar certo, no lugar certo, no lugar certo,
no lugar certo**

ontem eu acordei   chupando um   limão   ontem eu
acordei   chupando   um limão   ontem
eu   acordei   chupando um   limão
    ontem eu   acordei   chupando

    um   limão ____________ tudo_______

no lugar certo, no lugar certo, no lugar certo, no lugar certo

                        há
                        duas cores
                        na minha
                        cabeça

                há
                duas cores
                na minha cabeça o que

    é que foi que você
    tentou dizer?

o que

o que você tentou dizer

tentou

dizer

tentou

dizer

tentou

dizer

tentou dizer

~ (Não vejo padrões aqui) **tentou dizer**____________________

____

30. APRESENTE ISSO

Como essas pegam você?

Apresentação Um: Você está escapando de um hotel em chamas. Sem sapatos. Está chovendo. Você volta para o hotel em chamas e procura sapatos, ou molha os pés?

Apresentação Dois: Você perambula em uma sala de aula por engano. Todas as crianças sabem seu nome e seus segredos mais profundos. Você corre? Ou faz o melhor que pode?

Apresentação Três: Você atende a um telefone numa cabine telefônica no topo de uma colina. É o Diabo. Você bate o telefone ou tenta conversar? [10]

---

10 Minha semana
com Stanley Donwood

Domingo
Nada demais

Segunda-feira
Acordei
Perambulei pela casa

Terça-feira
Fui ao comércio

Quarta-feira
Assisti Kilroy

Quinta-feira
Liguei para a linha de suporte da Sucrilhos

Sexta-feira
Nada demais

Sábado
Arranquei as pernas de uma aranha

Na próxima semana: Saddam Hussein

31. TANQUES INCENDIADOS

algumas pessoas têm sorte

algumas pessoas não

tem muita gente azarada atualmente

o que os jornais dizem é tudo verdade

as vidas dos ricos e famosos são mais plenas

vai brincar de rabo no burro

num tanque incendiado

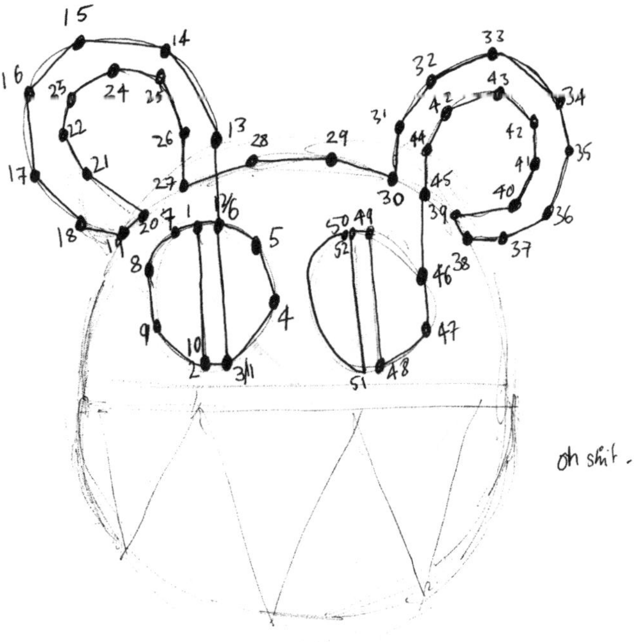

publicado fodido
estrangulado espancado

32. EU POSSO ESTAR ERRADO

eu posso estar errado
eu posso estar errado
eu podia jurar que vi uma luz
entrando

eu costumava pensar
eu costumava pensar
que não tinha mais nenhum futuro
eu costumava pensar

se abra
começa de novo

vamos descer a cachoeira
pensar sobre as coisas boas
e nunca olhar para trás
e nunca olhar para trás
e nunca olhar para trás

o que eu faria?
o que eu faria?
se eu não tivesse você?

abre e me deixa entrar

33. COMO DESAPARECER COMPLETAMENTE

Aquele ali
Não sou eu
Eu vou
onde eu quiser
Eu caminho pelas paredes
Eu flutuo rio Liffey abaixo

Eu não estou aqui
Isso não está acontecendo
Eu não estou aqui
~ seu coitadinho Eu não estou aqui

Daqui a pouco
~ outros convidados Eu terei ido embora
~ faça isso antes que você esqueça O momento já passou
Sim, já foi

E eu não estou aqui
Isso não está acontecendo
Eu não estou aqui
~ passos de elefante Eu não estou aqui

Luzes estroboscópicas
E alto-falantes estourando
Fogos de artifício
~ não há um dia que passe sem que eu não seja grato pelo que sou E furacões

Eu não estou aqui
Isso não está acontecendo
~ bata seus calcanhares duas vezes, deseje a si mesmo em qualquer lugar Eu não estou aqui
Eu não estou aqui

[temporada de terremotos]

Tudo vai passar logo

34. NEBLINA

Tem um menino correndo por esta casa
E ele nunca sai
Ele nunca sairá

E a neblina sobe dos esgotos
E brilha no escuro

Jacarés filhotes nos esgotos
Crescem rápido
O que você quiser, pode ser feito

Como?

Como você se deu mal?

Você se deu mal?

35. HOLIDAY INN, QUARTO 320

o que tem na maleta?

tenho um papel aqui que me dá o *status* de *fast-track*

tenho *status* de prioridade
por que ninguém para, ninguém para pra me deixar sair?

todos param e ficam boquiabertos
e formam uma fila na estrada
jogando flores no carro funerário

você cruzou a linha

Holiday Inn quarto 320

eu canto a revolução
você devora o bife malpassado

afunde a libra, afunde o euro
vamos corrigir seus dólares e centavos
amarre-os
eles dançam como marionetes
dançando no nosso ritmo

vamos ver o que ganhamos *~ à deriva*

cenários ilimitados
canais ilimitados
onde assistir

vamos assistir as chamas
e os vales
vamos assistir as botas e o sangue
vamos ver quem estava certo
e quem estava errado

os mortos podem voltar à vida
corte seus rabos com uma faca de talhar

os monstros desse ano
somente esse ano
nenhuma notícia é boa notícia

não ponha sua posição em risco

e não temos rosto
você não pode nos atacar
estamos ascendendo
você não pode nos seguir
somos maravilhosos
você vai se curvar a nós

~ por exemplo: ursos geneticamente modificados

eu nasci um monstro
sem pulso
e expressão facial
na floresta, onde nenhum pássaro canta

cante uma canção de ninar para mim
estou cansado
e quero dormir hoje à noite

36. BOMBA NO AVIÃO

pessoas
com livros
acalmando o choro dos bebês
encarando adiante

em pânico
a aeromoça está desesperada
ela está gritando
para aqueles de pé
aqueles que exigem seus centímetros a mais de espaço
primeiros na fila

sardinhas
empacotadas
com uma bomba

os bebês mantêm sua vigília chorosa

a classe alta encontra conforto em seu espaço
seu *upgrade*
em caso de algo desagradável
eles procederão rumo à saída mais próxima
de forma digna

bagagem de mão projetada impecavelmente
eles seguram suas bolsas e avançam aos poucos

turistas no fim da viagem
isentos de impostos
lembram-se de suas experiências o melhor que podem

façam as pazes com o mundo
antes de ocupar seu assento
neste último voo partindo de Nova York esta noite
há uma bomba no avião

crianças e famílias primeiro, por favor
com licença
consegui o assento de janela que pedi?

37. IDIOTECA

Quem está no bunker?
Quem está no bunker?
Mulheres e crianças primeiro
E as crianças primeiro
E as crianças

Eu vou rir até minha cabeça cair
Vou tragar até explodir
Até eu explodir
Até eu

~ tudo acabado
no toque de
um botão

Quem está no bunker?
Quem está no bunker?
Já vi demais
Você não viu o suficiente
Você não viu

Eu rio até minha cabeça cair
Mulheres e crianças primeiro
E as crianças primeiro
E as crianças primeiro
E as crianças

~ mamãe e papai
ursos polares

Estou vivo aqui
Tudo o tempo inteiro
Estou vivo aqui
Tudo o tempo inteiro

Era do Gelo chegando
Era do Gelo chegando
Me deixe ouvir os dois lados

Me deixe ouvir os dois lados
Me deixe ouvir os dois lados

Era do Gelo chegando
Era do Gelo chegando
Jogue ele no fogo
Jogue ele no fogo
Jogue ele no

Não estamos causando pânico
Isso realmente está acontecendo
~ enforcado pela multidão **Acontecendo**

Não estamos causando pânico
Isso realmente está acontecendo
Acontecendo

~ tripulação morta **Celulares rangendo**
Celulares tilintando
Pegue o dinheiro e corra
Pegue o dinheiro e corra
~ vamos ver o que você ganhou **Pegue o dinheiro**

Estou vivo aqui
Tudo o tempo inteiro
Estou vivo aqui
Tudo o tempo inteiro

Estou vivo aqui
Tudo o tempo inteiro
Estou vivo aqui
~ autossugestão otimista **Tudo o tempo inteiro**

ele vai tirar o dinheiro debaixo do seu nariz
usá-lo no seu mundo de negócios
vai dizer tudo o que você quer ouvir

ele se pinta de branco reflexivo
pra refletir a explosão quando ela chegar
vai levar seus filhos
e invadir suas casas

ele vai te dizer o quanto está se esforçando
mas nós estamos todos no mercado agora
é um mundo duro e cruel

~ pistola abaixo do balcão

ele diz que quer ser nosso amigo
ele diz que sempre esteve do nosso lado
ele é apenas um líder tomando decisões difíceis
que você não teria como entender
ele admite seus erros mostrando preocupação
e nós acreditamos nele

~ um sorriso de atropelamento

e os fantasmas dos inocentes
estão voltando para nos assombrar
e o sangue dos desaparecidos
que estão presos nos bunkers
você não ouvirá os seus gritos
da câmera na ponta do míssil

[Você quer brincar?]

38. CHEQUE DE RESCISÃO

isso é o seu cheque de rescisão
isso é uma alucinação
e esses rostos estão num sonho
um ambiente gerado por computador
uma ilha da fantasia
você
pode
fazer
o que quiser

e não precisa enfrentar as consequências

esse é seu cheque de rescisão
você pode congelar nossa imagem
você pode tocar em quem quiser
você pode movê-los para posições
  constrangedoras
tire a roupa deles
foda com quem quiser
ou o que quiser
(embora tecnicamente estejam todos congelados ao toque)

sente novamente
e aperte o play
como se
nada
tivesse
acontecido

Vou ficar triste quando os bonecos de neve forem embora

39. LINDA HISTÓRIA SOBRE

Há apenas o som abafado e crocante de dentes rangendo
e botas raspando no asfalto ou algo assim e um
barulho distante que talvez seja alguém chorando ou
um gato e tudo se move um pouco com o vento

Há uma fita com pessoas falando sobre nada importante
num restaurante e um som de marcha que é um
pouco parecido com um monte de soldados e um
pouco como uma roda rangendo contra o metal
mas talvez não seja uma fita é difícil dizer

E todo mundo ficou sem piadas porque ninguém
está rindo de nada embora possivelmente
estivessem rindo se tivessem senso de humor

Provavelmente nada importante

Só um barulho no escuro quando você está meio
adormecido algo atrás das cortinas não olhe não é
nada não olhe falando sério não olhe não é nada

Talvez seja a cidade onde você vive fazendo esses barulhos

Talvez seja você

Só um milhão de celulares e *modems* grasnando e crepitando
e chiando como mijo numa fogueira como um milhão
de litros de mijo no inferno só pensa nisso tá?

Só pensa nisso

Vértebras sendo serradas soam como isso[11]

---

11 peixe cru

barra de chocolate frita em óleo
confit de cérebro de macaco
noodle de maconha
burger turco
petiscos sulistas
eu só janto marcas premium
cachoeiras de água derretida
agulhas delicadas que mal dá pra sentir
esses bosques e colinas são a marca registrada de
    bosques e colinas s.a. empreendimentos rurais
autoinferno glacial
raspando amorosamente o fundo do barril de óleo
por fim assisto atrocidades de guerra e a trilha
    sonora faz com que fique ok.
oh muito engraçado.
fulano você gostaria de deixar uma mensagem dizendo
sem som. exceto você. sem som. exceto você.
sem som. exceto você. sem som. exceto você.
sem som. exceto você. sem som. exceto você.
muito ruído de fundo e muita repetição. e desejamos que seja só
    ruído só um pássaro preso na chaminé só um cano bloqueado
    só a caldeira só o assoalho só a casa, se acomodando
tente um novo batom uma nova cor um novo
    você [somente essa semana]
desculpe a gente estava só brincando
arcanjos entediados nos tribunais paranoicos dos deuses.

E quando abri as cortinas eles estavam desmontando
o cenário e arrumando tudo para o fim do
dia, as câmeras e as luzes apagadas.

A escuridão substituída por refletores e os céus
cinzentos o zumbido cego do maquinário

Eu gostaria de escrever uma história bonita sobre o amor[12]

---

12 [copiar/colar]

Todos esperam que você performe, mas você não consegue
Copia / cola, mas nada acontece
Desfazer, mas não pode desfazer
Pegar texto ha ha ha
Sou uma pessoa muito ocupada desculpe, você
terá que esperar até amanhã
ou talvez no dia seguinte se tiver sorte
se eu tiver sorte
se eu tiver sorte, ainda estarei aqui:
olá como vai você está tudo bem?
espero que [insira situação] tenha sido resolvida
de forma satisfatória hah hah hah
Tente s nvlvr m ma cnvrs sgnfctv. Tente.
hah, hah.

Quando falam de você como se não estivesse lá quando
falam de você como se não pudesse ouvir

40. OTIMISTA (OU O PODER DO PENSAMENTO POSITIVO)

moscas zumbindo em volta da minha cabeça
abutres rodeando os mortos
pegando até a última migalha

cavando fundo nos seus bolsos
filhotes de passarinhos piando por atenção
por pedacinhos mastigados
esfregando animadamente as mãos

ziguezagueando ao redor do meu cérebro
meu nariz acima
nos meus olhos

respostas diplomáticas
para questões diplomáticas
dinheiro para os generais

mandando cartas-bomba
comendo todas as migalhas do biscoito

o peixe grande come os pequenos
o peixe grande como os pequenos
não é problema meu me dá um pedaço

os chatos
por favor cooperem
vocês só ficam jogando
não querem molhar os pés
presos entre os comerciais

você pode tentar o melhor que puder
tentar o melhor que puder
o melhor que puder é bom o suficiente
você pode tentar o melhor que puder
tentar o melhor que puder
o melhor que puder é bom o suficiente

esse aqui não é Jesus
esse não vai trazer de volta os desaparecidos

esse aqui faz o trabalho
a vontade de Alá
a palavra de Deus
pregando dos púlpitos
apertando o mata-leão

por que você não para de se espancar?

esse aqui é otimista
esse aqui foi ao mercado
esse aqui acabou de sair do pântano

autossugestão otimista
olá
olá
por favor coopere
hinos numerados num quadro
presos apanham e socam

acabo de queimar um nó de fiação
ligue de novo outra hora
essa canção não vai te tornar forte
essa canção não vai te deixar esperto

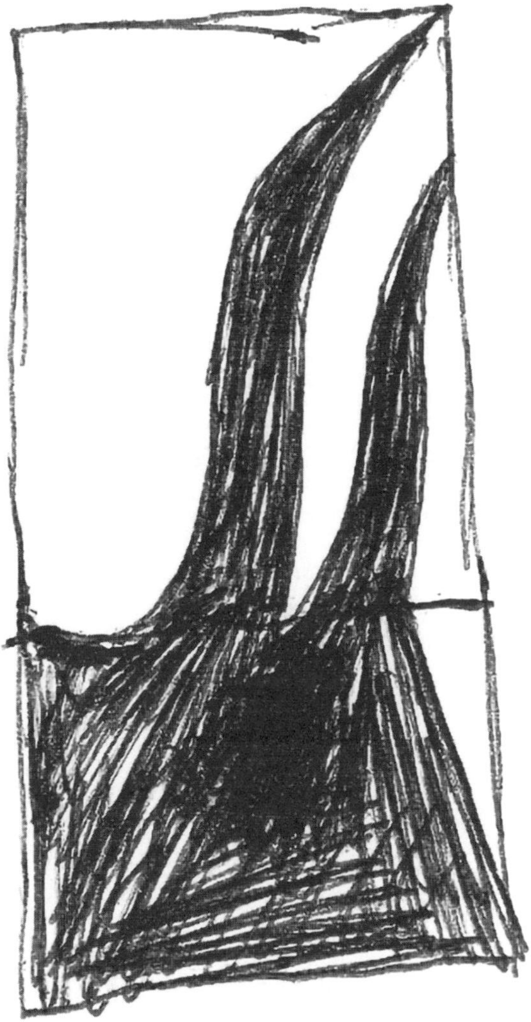

Compressor de gotejamento

te fazer olhar pro outro lado
pegar o dinheiro e fugir

isso não vai curar sua solidão
isso não vai trazer de volta os desaparecidos
não vai te dizer o que você precisa saber
não vai te deixar esperto
isso não vai resolver o trabalho
isso não vai passar na TV
um pixel na tela

esse aqui deixa um carregamento
rações para os animais
vivendo na fazenda de criação

formigas vermelhas formigas pretas
sem ideia do que estamos fazendo
como você pode ser tão ingênuo?

isso não vai te salvar
não vai consertar o mundo
não vai te resolver
não vai preencher o seu vazio interior

mel dos ursos de mel
comida é comida e sexo é sexo

só não é conveniente
já tive o suficiente
quero desertar

você pode tentar o melhor que puder
tentar o melhor que puder
o melhor que puder é bom o suficiente
você pode tentar o melhor que puder
tentar o melhor que puder
o melhor que puder é bom o suficiente

o otimista vai beber e dirigir
o realmente nervoso não vai sobreviver

otimistas imbecis cuzões
dizem o que você quer saber
eu sou otimista então fodam-se todos vocês
vocês não vão me provocar

quando eles estavam distribuindo as auréolas
eu trouxe pra mim uns mísseis velhos

eu construí um bunker pra mim
eu construí um império pra mim

eu realmente adoraria te ajudar cara
eu realmente adoraria te ajudar cara
mas eu sou uma marionete nervosa estragada
flutuando ao redor de um navio prisão

a não ser é claro que você esteja tentando esconder
a não ser é claro que você esteja tentando esconder
a não ser é claro
que você esteja tentando esconder alguma coisa

os nomes mudaram os inocentes

os inocentes foram usados para engrossar
a sopa
a sopa pode ser usada para alimentar as tropas

eu só não consigo me livrar deles
eles conseguem pescar mentiras a quilômetros
rastejando em minhas calças
rastejando em meu nariz

como eu me meti nessa confusão?
como você pode ser tão completamente
    obcecado consigo mesmo?
Quando é que você vai sair da cama?

você pode tentar o melhor que puder
    tentar o melhor que puder
o melhor que puder é bom o suficiente
você pode tentar o melhor que puder
    tentar o melhor que puder
dinossauros vagando pela terra
dinossauros vagando pela terra
dinossauros vagando pela terra

Você foi a única, você foi a única

41. GAROTO A

Nós temos cabeças em estacas

Enquanto você tem ventríloquos

Parados nas sombras ao pé da minha cama

Os ratos e as crianças me seguem para fora da cidade

VENHAM CRIANÇAS![13]

---

13 tudo está vivo

todos os aparelhos
respirar se tornou… por procuração
respirar tem… um atraso
objetos inanimados falam
tempo se curva e distorce
bordas distorcem e quebram
uma fina camada de uma diferente… volátil…
estado de direito… dimensão
leis da natureza mudaram

42. CANÇÃO DA PIRÂMIDE

viajando ao redor da Terra em naves magnéticas

autoestradas de linhas telefônicas

eu pulei no rio
anjos de olhos pretos nadaram comigo

uma lua cheia de estrelas e carros astrais,
e todas as figuras que eu costumava ver

todos meus amores estavam lá comigo
todos os meus passados e futuros

e todos fomos para o céu num pequeno barco a remo
não havia nada a temer e nada a duvidar

43. DÓLARES E CENTAVOS

há coisas melhores
para se falar

seja construtivo
dê um testemunho
que possamos usar
seja construtivo
com seus blues

mesmo quando ele deixar a água azul
mesmo quando ele deixar a água verde

não desligue
se agarre ao que puder
crie laços
veja irem embora

nós somos engrenagens
engrenagens sarcásticas
vagabundeando por aí

por que você não se acalma?
por que você não se acalma?
por que você não se acalma?
por que você não se acalma?

(ele quer uma personalidade, americana, livre)
nunca fica

ele nunca vai e nunca fica
por toda a vizinhança

talvez se eu pudesse ver aqui fora
talvez se eu pudesse ver fora daqui
em todos os trevos
ah me deixa sair daqui
em toda parte em toda parte em toda parte

por que você não se acalma?
por que você não se acalma?
por que você não se acalma?
por que você não se acalma?*

*** somos os DÓLARES & CENTAVOS e as**
LIBRAS e PENCE e o MARCO e o YEN

nós vamos arrebentar suas alminhas

MIDIA

44. OS SONS MARAVILHOSOS DA ORGIA

monstros de duas cabeças
noivas de três cabeças
ninguém é livre pra fazer o que quiser
servidos de bandeja
a droga mais vendida do mundo
camaradas com telefones celulares
os filhos ilegítimos
rastejando debaixo das pedras
papai papai eu voltei pra casa

quero ver você sorrir de novo como diamantes na poeira
o som maravilhoso das hordas assassinas
o dia em que os bancos desabaram sobre nós

acabe com essa conversa interminável
como se tudo estivesse bem
quando o arrependimento não é suficiente
sente no banco traseiro enquanto ninguém dirige

cante junto aqui >
tão feliz tão feliz que você é minha
tão feliz tão feliz que você é minha

polícia montada
ossos quebrados
nós sentamos no banco traseiro enquanto ninguém dirige
uma mulher pisca os cílios em Washington
e bombas caem no Sudão
mulheres e crianças primeiro
continuem sorrindo
e o mundo vai sorrir junto

vou morrer de rir no dia em que os bancos quebrarem
não estou nem aí
o dia em que os bancos quebrarem
o som maravilhoso das hordas assassinas
bombas-relógio humanas
queremos ver eles implorarem para viver
cortar seus tentáculos fora
quero ver você sorrir de novo
o dia em que os bancos quebrarem
a pura voz sintética diz que estamos bem
possibilidades ilimitadas
canais ilimitados
onde assistir
quem estava certo
e quem estava errado

45. A ORQUESTRA NO BAILE

engravatados de smoking
somos a orquestra no baile

quando você dá sorrisos caridosos
algo é enterrado sob as calçadas

isso vai escorregar como lama pelas paredes
cães-espantalhos pra assustar os corvos

como o barulho de portas elétricas
eu não estou entendendo nada

estou tentando ficar muito parado
todas as entranhas foram removidas

essas são roupas ruins pra pessoas ricas
esse é o som de botas esmagando mãos

no fim foi só um jogo
volte ao começo de novo

e vamos te pegar pelos calcanhares
vamos sacudir tudo de você

muito tempo no ar
tempo insuficiente no chão

nós escorregamos como lama pelas suas paredes
nós somos bonecas repolhinho tagarelando

somos cães-espantalhos pra assustar os corvos
você nunca ouviu essa antes

nós somos a orquestra no baile
nós imploramos pelas sobras da sua mesa

só queremos ser como você
somos gente muito estúpida

isso vai escorregar como lama pelas paredes
isso vai ter todas as entranhas removidas

como o barulho de portas elétricas
a atenção de peixes-dourados em aquários

estou tentando ficar muito parado
não estou entendendo nada

essas são roupas ruins pra pessoas ricas
mimadas em revistas

chuviscando adulação servil
música pra tocar pros seus clones

sons reconfortantes pelas caixas de som
abaixo dos travesseiros deles

no fim foi só um jogo
volte ao começo de novo

Autossugestão otimista

esqueci por que começamos afinal
essas roupas são ruins pra gente rica

e como todo bom editor sabe
somos cães-espantalho para assustar os corvos-espantalho

e depois de um jantar escasso
nossas costelas inferiores removidas

quando você dá sorrisos caridosos
jantando e bebendo vinho

vestidos de baile e discursos de banquete
se sentindo enganada?

Não sei do que você está falando

46. CINÉTICO

Soldados de brinquedo marchando para a guerra
Palhaços vão fazer suas acrobacias

As tristes garras das mãos de uma velha senhora
Helicópteros circulando

Você não pode deter o inevitável
Você não pode deter o relógio (girando)

Você foi trapaceado
Arrastando todos os preguiçosos

Por favor continue em movimento
Melhor continuar em movimento

Não durma no volante
Você não consegue fazer as crianças pararem de gritar?

Esperei por você, mas você nunca veio

Por favor continue em movimento
Melhor continuar em movimento

Cinético Cinético Cinético Cinético[14]

~ fé fi fó fum

---

14 Preocupado

inútil perder tempo no que poderia ter sido
água metal elíptico

quando estou no escuro
esqueço a luz
indo num círculo
me diga que não estou morto
morto do pescoço pra baixo
congelado numa lagoa
segure as minhas mãos
cai-cai-balão
fala isso na minha cara
fala isso na minha cara
esqueletos rastejantes
inútil contar pra eles
o que poderia ter sido
sem desculpas por favor
sem pedidos de desculpa
pra um esqueleto que anda

movendo-se no próximo mundo
não se meta em crises
há muito a ser feito
é inútil ficar pensando
é inútil ficar pensando
no que poderia ter sido
no que poderia ter sido
isso não é só uma armadilha
são só cólicas estomacais
vá até o microfone
vá até o microfone
o dia está tão bonito
vá pegar um sol

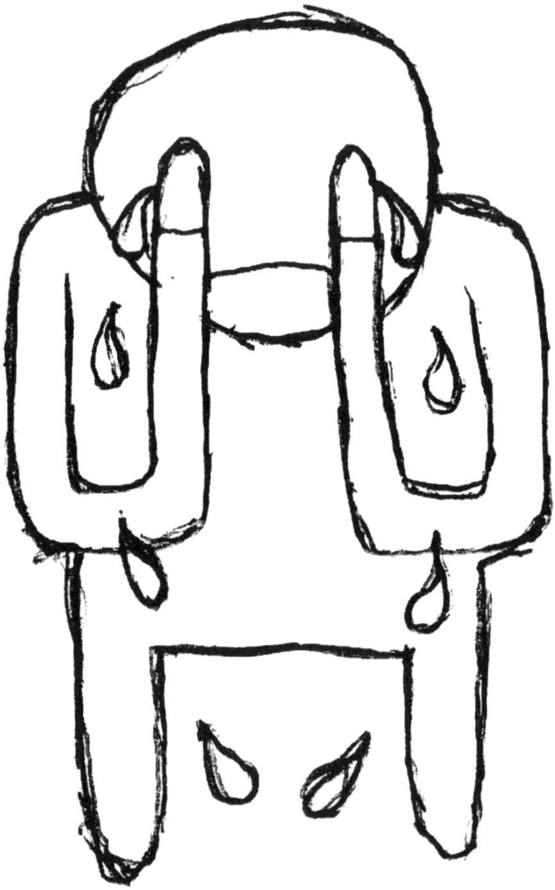

Hoje acabei ficando sem desculpas

47. O FORMULÁRIO DE INSCRIÇÃO

Icebergs deslizando entre docas desoladas
Cachoeiras de água derretida
Colinas compostas de corpos
Você não está sozinho
Você é observado
Agulhas delicadas que você mal pode sentir

Esses bosques e colinas são a marca registrada
    da Bosques e Colinas LTDA
Empreendimentos rurais
Essa paisagem estilizada é propriedade intelectual privada
Nunca perdida
Sempre observada
Geleiras imundas flutuando em águas
    tônicas cobertas de detritos

Depois de tudo isso, tudo o que eu escrever
é uma aproximação de merda da minha própria furiosa
deslocada e imprecisa nostalgia fora de lugar
O passado nunca aconteceu exceto nos livros

Eu fiz esses monstros
Eu esculpi essas geleiras com meu esperma congelado
Eu tossi esses icebergs

Essa água da pia, correndo rápido pelas carcaças dos azarados
é o que eu despejo no ralo,
um esgoto alquímico de oportunidades
maquiagem, lágrimas e vômito

Não é real
Eu só posso tocar essas águas inundadas
como grama submersa
Chutam meus calcanhares no lodo

Me pegue enquanto puder,
porque vou embora daqui

Nódulos viram edemas
Edemas molhados viram chuvisco venenoso
Chuvisco venenoso virou normal
E só o que resta são cicatrizes, cascas
    de feridas que não vão sarar

Lamento informar que,
de acordo com os critérios oficiais,
você não está suficientemente miserável.
De forma que não poderemos te ajudar.

Se as suas circunstâncias piorarem
por favor sinta-se à vontade para solicitar novamente.[15]

---

15 Isso é um caderno de rascunho

isso é um caderno de rascunho
abra ele ao acaso
está picotado
reciclado
riscado
é um diário
é uma gravação

é o som de uma câmara de eco
os reflexos numa sala de espelhos
se você não tem tempo pra isso então
você é o mesmo que eu na maior parte do tempo
somos peixes-dourados num aquário
as páginas vão e vêm como acharmos melhor
faça o que quiser ou ignore como quiser
obrigado pela sua visita

48. AMNÉSICO

Alguém me bateu na cabeça
Agora eu sou o impostor
O verdadeiro se foi pra sempre
Sangue por todo o banheiro
Muito pra beber

Ele não cortou de verdade
Muito covarde

Seu palhaço

49. TRANSATLÂNTICO ARRASTADO

eu fui manipulado
ajeitado e retocado pra uma revista
sorrindo docemente reclinado em
    mobília cara e desejada
para o seu prazer
numa revista

o que as pessoas IN estão vestindo agora
o que as pessoas inteligentes falam
o que você não pode pagar
de uma revista

eu tinha ido embora
agora estou de volta
com um novo livro
quero falar sobre
antes de chegarmos aos anúncios

acho que eu deveria saber melhor, mas
    isso mantém meu peso abaixo
olhe por dentro
nada acontecendo
a vida que você gostaria de levar
carne branca num espeto
se você não estivesse apenas tentando
    chegar no fim do mês

é melhor você começar a dar nomes

estilos de vida dos ricos e famosos
me ajude por favor estou preso

estou preso na coluna social de uma revista
é assim que cheira a primeira classe
com um sorriso de atropelamento
com o poder sangrento dos reis
fodendo nos banheiros da Soho house
o suficiente pra derrubar o presidente
eu espirro e é um exocet
as chamas estão subindo mais alto
estou amarrado à aposta

é melhor você começar a dar nomes

eu nasci
numa revista
estou preso na coluna social
da sua
revista

você vê a luz no fim do túnel?
você vê a luz no fim do túnel?

é melhor começar a dar nomes

você vê a luz no fim do túnel?
Jesus senhor amém
sim eu vejo a luz no fim do túnel
Jesus senhor amém

~ O Circo Está
Chegando
Música
Luzes
Câmeras
Fumaça
Celebridades
Alto-falantes
Guitarras
Baterias
Sintetizadores
Vozes
Perda
Auditiva

50. FOTO CHANTAGEM

Me deixe ler a sua sorte

Morto aos trinta e três

Amarrado

De joelhos

Com fotos de chantagem impressas

Dentro e fora da reabilitação

Você deve ter sido um fracasso

Pra até mesmo querer isso

Quebrar um espelho num milhão de pedaços

Gostaria de saber o que você pensa do meu livro

Gostaríamos de fazer um filme da sua vida

*~ Gostaríamos
de fazer um filme
sobre sua vida
agora que você
está morto.
Quem podemos
contatar?
Quem é o
executor do seu
patrimônio?*

51. NO LIMBO

Lundy, Fastnet, Mar da Irlanda
Recebi uma mensagem que não consigo ler

Estou do seu lado
Nenhum lugar pra se esconder
Alçapões que abrem
Eu desço em espiral...

Você está vivendo num mundo de fantasia
Você está vivendo num mundo de fantasia

Estou perdido no mar
Não me incomode
Perdi meu caminho
Perdi meu caminho

Você está vivendo num mundo de fantasia
Você está vivendo num mundo de fantasia
Você está vivendo num mundo de fantasia

A mulher mais linda do mundo

Volte
Lundy, Fastnet, Mar da Irlanda
Outra mensagem que não consigo ler
Lundy, Fastnet, Mar da Irlanda
Outra mensagem que não consigo ler
Volte
Outra mensagem que não consigo ler

Volte

*~ bosques
onde nenhum
pássaro canta*

52. NÃO EXISTE TAL COISA

Não existe tal coisa como o sucesso

Eu tinha tanto a dizer

E, finalmente, quando tive a chance de dizer isso

Eu fiquei lá

Em silêncio

Como um idiota filho da puta

53. COISAS DESMORONANDO

você tenta correr
você tenta se esconder
coisas desmoronando
sem motivo algum

a sua cruz está debaixo do seu casaco
coisas desmoronando
mas você não dá a mínima

tem algo logo acima
suba no telhado e puxe pra baixo
suba no telhado e pegue as pedras

você volta pra mentir e eu me afasto
me mostre suas mãos

coisas desmoronando
mas não é no meu quintal

isso é muito simples
não tem trama

tente achar um padrão
mas simplesmente não há

está fora da minha visão
fora do meu controle
coisas desmoronando
sem motivo algum

diga as palavras
nada acontece
faça os movimentos certos
tenha todas as reações certas

dez passos adiante
quinze passos pra trás

coisas desmoronando
eles não vão voltar

me deixe onde me encontrou
sem saída sem retorno
sua cruz está debaixo do seu casaco[16]

---

16 Peregrinos

Seus avós te recebem de braços abertos
como se estivessem no quarto ao lado
um mundo onde você pode ter uma segunda chance
pode pedir desculpas e ser perdoado

O poder sangrento dos reis

54. NADA

Ninguém gosta de nada
Gostaria do fundo do meu coração que não existisse

Mas apenas querer não basta
Vivemos no mundo real, onde nada existe
Não podemos simplesmente desinventá-lo

Nada é incompreensível
Nem você nem eu temos qualquer esperança
  de apenas entender o que é e o que faz

É difícil saber se nada é realmente nada
E, portanto, difícil saber se uma política
  de fazer nada é bem-sucedida

Nada
Por mais eficaz que tenha sido até agora
Dificilmente pode continuar a sê-lo
  por tempo indeterminado

Se eu tivesse de escolher
Entre a contínua possibilidade de nada acontecer
E de nada fazer
Eu sem dúvida escolheria o último

Ou o anterior

55. TODA ETERNIDADE

capturada como uma sombra humana no marco zero

fundida em lava derretida por toda a
    eternidade em plena ação

a meio caminho de dizer pra alguém que acabou

colocando o gato pra fora

meu crânio pela janela no impacto

uma discussão com o seu vizinho

seu rosto parece familiar

paralisado de medo

enquanto os flashes explodem

depois, sem chance de explicação
sem defesa contra a caça às bruxas

~ desculpas e condolências

ecos que nunca morrem

repetidos num ciclo por toda a eternidade

toda a eternidade

NÃO TENHO MEDO.

Por favor lembre-se de que a última performance não é necessariamente um guia para a performance futura

APÊNDICE A: NOMES DE ARQUIVOS

uma bela estrada reta sem nada vindo
bocha é o esporte pra preguiçosos como eu
concorde vem pegar todo mundo
uma pirâmide pairando sobre a holanda
nada é incompreensível
eu corto oz grandes blocos hardcore
australopithecus de três dedos
construídos na obsolescência da moda
barrinhas de energético (o conflito final)
oh querido que pena deixa pra lá
hotéis e uma piscina
invasão dalek com crianças
mergulhe na porra da sua perdição
só a floresta e o diabo
por favor posso ser seu amigo?
safra do campo de batalha playground
você vê a luz no fim
autossugestão otimista
você vai voltar para mim?
alpes vulcões tempestade de neve
evidência de neve mas em chamas
cheque de rescisão elétrico
minotauro mutante chorão
ramificações em tudo
em fuga com os ursos
cocaína disko o quanto quiser
portas que abrem e fecham
pernas arqueadas sem ouvir
árvores negativas da dança do fogo
saia antes do sábado
urso decorador de interiores
designer outlet village
possível assassino em série
um conflito de interesses

amnésico descontraído
jonny zombie chrndfdd
você afundou meu navio de guerra
criminoso de guerra ferido
não tem briga aqui
você e qual exército?
tudo em seu lugar
o que poderia ter sido
transmissão de fac-símile
enid blyton pesadelo
hansons em missão de paz
sem ideias estou desesperado
urso conecta-os-pontos
rampadesembarquehelicóptero
mais um minotauro
muitos minotauros tristes
canção de ninar no bunker
alvo paisagem anos 1980
neve vermelha, pegadas de bota
comido e regurgitado
relatório de falha de energia
pessoas de hoje 2000
explosão turbulenta
uma bomba no avião
eu nasci monstro
paisagem glaciada
isso não está acontecendo
hotéis e uma geleira
grandes blocos cornualha
cena azul desolada
nêmesis residencial
por favor marque uma única opção
sorriso como atropelamento
hotéis, fogo, geleira

minotauro sem adereços
aquisição pelos quadros
casa subterrânea
mithras tauroctonos
terra de liberdade(tm)
minha paisagem mental azul
máquina de vento gigante
minos e uma vítima
buraco negro em chamas
vulcões bastardos
tiros da selva na TV
monstro insetosperma
pontos de exclamação
rabiscos de biblioteca
espaço para o golfe fácil
cidade dos sonhos
estação de terremotos
anúncio alternativo
música para os ricos
teoria da conspiração
triângulo de montanha
família urso suíça
azul não escuta
teatro da morte
perdido na floresta
conselhos para robôs
dólares e centavos
tíquete divertimento
distrito de negócios
assobiando como mijo
cenouras & barras
coisas desmoronam
cidadão piranesi
um coquetel letal

olhe ele se contrcndo
cheque de rescisão
espantalhos felizes
demônio de arame branco
horizonte fragmentado
como desaparecer
como muito retorcida
mulé e maridin
um como sei lá
sem sangue sem confusão
fotocópia okura
torre de fotocópias
bosque de suicidas
londres amnésica
minotauro_insano
afogamento no brejo
montanhas brancas
minotauro esbugalhado
minotauro choroso
piranesi resgatado
o coelho da páscoa
portas giratórias
fusão offshore
prisão amnésica
quadro de perspectivas
sonho detergente
acidentes felizes
o hotel caiu
chamas realistas
bela história
nada a temer
eclipse do mar vermelho
pilares voadores
os melhores penhascos

caverna de esperma de insetos
demônio de arame vermelho
a era do gelo está chegando
minotauros ácidos
arauto amnésico
par permissão
cidade fotocópia
espécimes de teste
árvores & blocos
ilha da fantasia
público privado
operador rígido
dentes rangendo
hum tipo bufando
livros por toda parte
crianças urso
floresta em chamas
sonho índigo
música popular
ácidouk_insano
cidadão insano
terreno irregular
arauto de sucata
exceto em chamas
questionário
não ajuste
não estou assustado
demônios chorando
alvo fácil
é um belo dia
muitas piscinas
cidade celestial
na floresta
demônio em chamas

piscina
azbombasrelógio
ossos andantes
nervoso novamente
minotauro de arame
fornalha de lixo
grande cânion
ursohipnótico
mutante precoce
afogamento no gelo
encapsulado
ursos gotejantes
cruzamento louco
forças de paz
sino da manhã
tenda de xamãs
diga a palavra
minotauro vermelho
fuligem na neve
ácido da cornualha
central park
cidade em chamas
torre única
inexplicável
pele de lagosta
cidade persa
brinquedo espreitando
o velho rosto
animais teste
centro de comércio
não confie em ninguém
árvores angulosas
ursos no ar
vendendo rápido

homem em chamas
plantasfelizes
mãos trêmulas
crescimento dos ursos
carimbos de data
kalashnikov
gato vira-lata
urso déspotas
ceifador
minha tentativa
no labirinto
campos de neve
linhas de energia
vila de guerra
blocos pássaro
lugar certo
melhores hotéis
terra alvo
dedosárvore
urso do terror
air cubana
pontazuis
urso fantasma
afie as facas
lista de sonhos
projekt à jato
sinal fantasma
otimista
grandes blocos
urso polar
escapedeluz
ursinhos carinhosos
foda dos dentes
via rápida

urso de dinheiro
parede de minos
duas torres
conselho molhado
boas notícias
hollywood
eu reajo
livro aberto
retorno
hoje em dia
meu telefone
espantalho
minotauro
idioteca
sou um lixo
preso?
árvore de eco
à deriva
sem teto
colisão
integridade
rota adentro
submarino
astroboy
sou ruim
mapa de estrada
pirâmide
filho diota
no limbo
corredor
realista
boreal
cortes
acetato

imune
performar
retorcido
sucesso
fantasia
fusão
labirinto
londres
peguei
deserto
pilares
nuvens
adultos
anjos
veneno
blocos
floresta
esperma
palhaço
baiacu
espero
evitar
garoto a
descontrole
pogo
poeta
piscina
buraco

Oh, querido. Que pena. Deixa pra lá

APÊNDICE B: LETRAS DO KID A PARA A CENSURA

tudo no lugar certo

tudo
tudo
tudo
tudo está no lugar certo
no lugar certo
lugar certo
lugar certo

ontem eu acordei chupando um limão

tudo
tudo
tudo
tudo está no lugar certo
no lugar certo
lugar certo
lugar certo

há duas cores na minha cabeça

O que foi que você tentou dizer

tentou dizer

garoto A
nós temos cabeças em estacas
enquanto você tem ventríloquos

parados nas sombras ao pé da minha cama.

Os ratos e as crianças me seguem para fora da cidade...

vamos lá, garotos

o hino nacional

todo mundo
todo mundo por aqui
todo mundo está tão perto
aguentando firme

todo mundo
todo mundo por aqui
todo mundo está tão perto
aguentando firme

aguentando firme

Como desaparecer completamente

aquele ali
não sou eu
eu vou
onde eu quiser
eu caminho pelas paredes
eu flutuo Rio Liffey abaixo
eu não estou aqui
isso não está acontecendo
eu não estou aqui
eu não estou aqui.
daqui a pouco eu terei ido embora
o momento já passou
sim, já foi
e eu não estou aqui

isto não está acontecendo
eu não estou aqui
eu não estou aqui
luzes estroboscópicas
e alto-falantes estourando
fogos de artifício
e furacões
eu não estou aqui
isso não está acontecendo
eu não estou aqui
eu não estou aqui

dedosárvore

tlim
tlim
tlim
otimista

moscas zumbindo em volta da minha cabeça, abutres
rodeando os mortos, pegando até a última migalha

o peixe grande come os pequenos, o peixe grande come os
pequenos, não é problema meu me dá um pedaço

você pode tentar o melhor que puder tentar o melhor que
puder, o melhor que puder é bom o suficiente

esse aqui é otimista, esse aqui foi ao mercado,
esse aqui acabou de sair do pântano

esse aqui deixa um carregamento, rações para os
animais, vivendo na fazenda de criação

você pode tentar o melhor que puder tentar o melhor
que puder, o melhor que puder é bom o suficiente

eu realmente adoraria te ajudar cara, eu
realmente adoraria te ajudar cara

mas sou uma marionete nervosa estragada
flutuando ao redor de um navio prisão

você pode tentar o melhor que puder tentar o melhor
que puder, o melhor que puder é bom o suficiente

você pode tentar o melhor que puder tentar o melhor

que puder

dinossauros vagando pela terra

dinossauros vagando pela terra

dinossauros vagando pela terra

no limbo

(lundy fastnet mar da irlanda recebi uma
mensagem que não consigo ler)

Eu estou do seu lado

nenhum lugar pra se esconder

alçapões que abrem

Eu desço em espiral

(você está vivendo num mundo de fantasia.)

estou perdido no mar

não me incomode

perdi meu caminho

perdi meu caminho

(você está vivendo num mundo de fantasia.)
(a mulher mais linda do mundo.)

VOLTE!
VOLTE!
VOLTE!

(lundy fastnet mar da irlanda recebi uma
    mensagem que não consigo ler)

idioteca

quem está no bunker? quem está no bunker?
mulheres e crianças primeiro e as crianças primeiro e as crianças
eu vou rir até minha cabeça cair
vou tragar até explodir até eu explodir até eu
quem está no bunker? quem está no bunker?
já vi demais você não viu o suficiente, você
    não viu o suficiente, você não viu
eu rio até minha cabeça cair
mulheres e crianças primeiro e as crianças primeiro e as crianças
estou vivo aqui tudo o tempo inteiro estou
    vivo aqui tudo o tempo inteiro

era do gelo chegando, era do gelo chegando,
me deixe ouvir os dois lados, me deixe ouvir
os dois lados, me deixe ouvir os dois
era do gelo chegando, era do gelo chegando
jogue ele no fogo, jogue ele no fogo, jogue ele no
não estamos causando pânico
isso realmente está acontecendo
acontecendo
não estamos causando pânico
isso realmente está acontecendo
acontecendo
celulares rangendo
celulares tilintando
pegue o dinheiro e corra
pegue o dinheiro e corra
pegue o dinheiro
estou vivo aqui tudo o tempo inteiro estou
vivo aqui tudo o tempo inteiro

sino da manhã

o sino
da manhã
o sino
da manhã
acende outra vela e me deixa ir, me deixa ir.
você
pode ficar
com os móveis
um galo
na
cabeça

(uivando chaminé abaixo)
me solta, me solta
onde você parou o carro?
onde você parou o carro?
suas roupas estão no gramado com os móveis
e eu poderia muito bem
poderia muito bem
cochilar a
simulação de incêndio
dando volta dando volta dando volta
dando volta

(todo mundo quer te conhecer
mas ninguém quer ser você
então você vai andando andando andando andando
    andando andando andando andando andando
    andando andando andando andando
    andando andando andando

trilha sonora

vinho tinto e pílulas pra dormir me ajudam
    a voltar pros seus braços
sexo barato e filmes tristes me ajudam a chegar no meu lugar

eu acho que você é louco, será

pare de mandar cartas, cartas são sempre queimadas
não é como nos filmes, elas nos enchem de mentirinhas

eu acho que você é louco, será

te vejo na próxima vida

E o coxo há de andar
E o cego há de ver
E isso foi semana passada

THOM YORKE é músico e artista, mais conhecido como vocalista e compositor da banda Radiohead.

STANLEY DONWOOD é designer gráfico, artista e escritor. Ele publicou três coletâneas de histórias e trabalha com o Radiohead desde 1994, produzindo todas as artes de seus álbuns e materiais promocionais.

JOÃO PAULO CUENCA é escritor e cineasta. Com obras traduzidas para oito idiomas e publicadas em doze países, venceu o Prêmio Machado de Assis da Biblioteca Nacional e foi duas vezes finalista do Prêmio Jabuti.

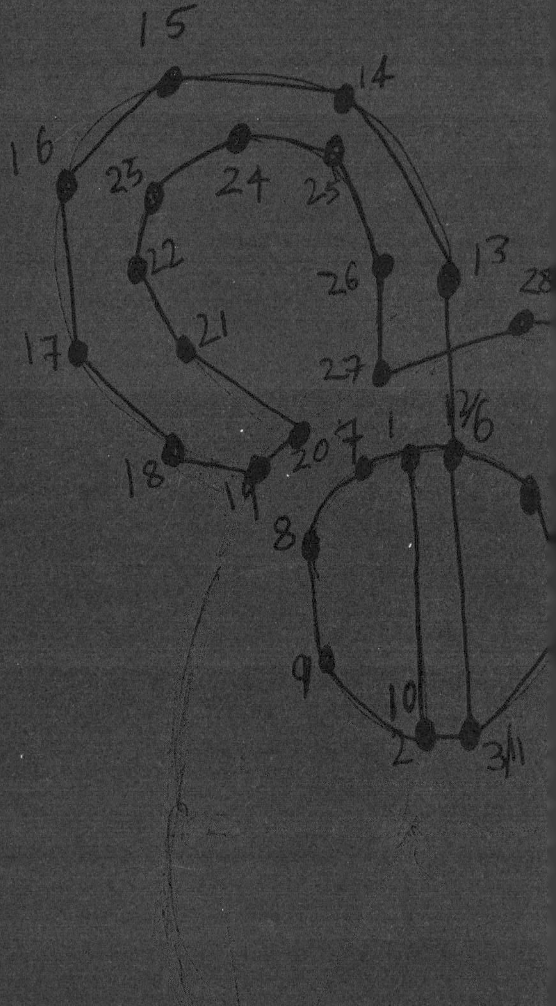
15
14
16
23
24
25
13
28
26
22
21
17
27
12/6
20
7
1
18
19
8
9
10
2
3/11